Entdeckst du den Duftsticker auf jeder Doppelseite? Einfach mit dem Finger daran reiben, dann riechst du den zauberhaften Duft!

Dieses Buch
gehört Prinzessin:

_____

Sei lieb zu diesem Buch!

Bereits erschienen:

 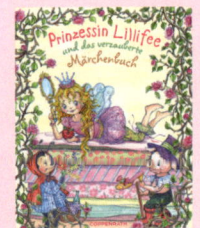   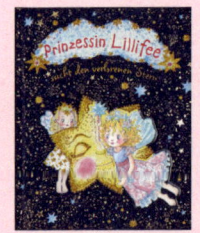 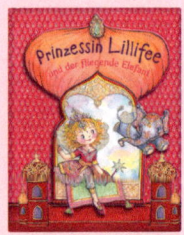

978-3-649-64323-4   978-3-649-64655-6   978-3-649-67241-8   978-3-649-64219-0   978-3-649-67028-5   978-3-649-62295-6

  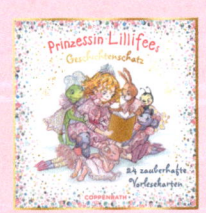 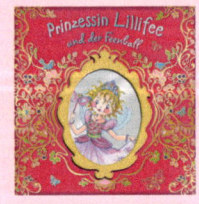   

978-3-649-63715-8   978-3-649-64533-7   978-3-649-71866-8   978-3-649-61673-3   978-3-649-60886-8   978-3-649-61444-9   978-3-649-62360-1

5 4 3 2   29 28 27 26 25
ISBN 978-3-649-64820-8
© 2025 Coppenrath Verlag GmbH & Co. KG, Hafenweg 30, 48155 Münster, Germany
Text: Burkhard Nuppeney

www.coppenrath.de

Prinzessin Lillifee
im Garten der Düfte

Von Monika Finsterbusch

COPPENRATH

„Eine echt lustige Besucherin, dieses Wuschel-Häschen!", dachte Prinzessin Lillifee, als sie in der Küche das laute Lachen ihrer Freundinnen und Freunde im Schlafzimmer hörte.

„He! Wollt ihr das Schloss abreißen?", rief sie. Doch niemand hörte sie.

„Fangt mich doch! Ihr kriegt mich sowieso nicht!", piepste das kleine Häschen und schlug einen riesigen Haken.

„An mir kommst du nicht vorbei!", grunzte Pupsi, das Schwein.

„Cindy, los! Gleich hast du den kleinen Wuschelhasen!", feuerte Clara ihre Schwester an. Sie hatte ein Gipsbein und konnte leider nicht mitspielen. Und nun passierten mehrere Dinge gleichzeitig: Cindy griff nach Wuschels Hinterpfoten, das Häschen machte einen gewaltigen Sprung über den Nachttisch und im selben Moment betrat Lillifee mit einem duftenden Schokoladenkuchen das Zimmer. Sie sah, wie der Nachttisch wackelte und das kostbare Duftfläschchen darauf ins Schwanken geriet. „Achtung! Der Flakon!", rief Lillifee. Zu spät! Die hübsche Glasflasche fiel vor ihren Augen zu Boden und zerbrach klirrend in tausend Stücke.

Sofort breitete sich ein starker Duft im Zimmer aus.

„Oh nein! Das magische Parfüm versickert einfach so im Teppich!", jammerte Lillifee. Was würde Flavio, der Zauberlehrer, zu diesem Missgeschick sagen? Er hatte ihr die Flasche schließlich anvertraut. Das Hasenmädchen Wuschel nieste heftig und sank ohnmächtig zu Boden.

„Oweia! Ich glaube, dieser Zauberduft war zu viel für Wuschels feine Nase", murmelte Lillifee. „Schnell, Cindy, hol ein paar Pfefferminzblätter aus der Küche!" Der Duft der Pfefferminze wirkte Wunder. Wuschel öffnete die Augen. Alle atmeten erleichtert auf.

„Oje, was hab ich nur angerichtet!", stöhnte das Häschen zerknirscht.

„Das war doch nur eine olle Parfümflasche!", sagte Clara tröstend. „Und so toll fand ich den Duft nicht!" Wortlos krabbelte das Hasenmädchen unter das Bett.

„Was machst du denn da?", fragte Cindy. Nach einer Weile kroch Wuschel wieder hervor mit einer Glasscherbe, an der noch eine kleine Papierrolle hing. Sie reichte sie Lillifee. Die Feenprinzessin las vor:

In diesem Flakon ist der Duft von Rosarien!
Pass gut auf ihn auf!
Verflüchtigt sich der Duft,
ist die Harmonie von Natur und Tieren in Gefahr!

Pupsi kratzte sich am Kopf. „Versteh ich nicht. Harmonie in Gefahr – was heißt das denn?"

„Na ja, das bedeutet, dass in Rosarien alles durcheinandergerät!", erklärte Lillifee.

„Oweia!", grunzte Pupsi. „Kannst du denn keinen neuen Duft von Rosarien zaubern?"

„Leider nicht", antwortete Lillifee. „Meine Zauberkräfte sind nicht stark genug für so eine große Aufgabe! Hier kann uns nur Zauberlehrer Flavio weiterhelfen. Kommt, wir fragen ihn um Rat."

Prinzessin Lillifee zögerte nicht lange. Sie flog mit Pupsi und dem Hasenmädchen über den Schlossgarten in Richtung Norden.

Unter ihnen beobachtete sie merkwürdige Dinge. Die Tanne stand verkehrt herum und seltsamerweise wuchsen Zitronen an ihr, die schon von Weitem dufteten.

Die Vögel hingen kopfüber an Ästen. Dem Gänsemarsch
folgten Tiere, die nicht dazugehörten, und die Eule
wunderte sich über ihr neues Zuhause.
„Oje, so sieht das aus, wenn alles durcheinandergerät!",
seufzte Lillifee.
„Lass uns schnell weiterfliegen!", jammerte das Hasenmädchen.
„Wir müssen den Tieren und Pflanzen helfen."
Außer Puste erreichten sie die Hütte von Flavio, dem Zauberlehrer.
Energisch klopfte Lillifee an seine Tür.

Flavio war nicht begeistert von den Neuigkeiten.

„Es tut mir leid!", sagte Lillifee zerknirscht. „Ich hätte den Flakon an einem sicheren Ort aufbewahren sollen. Kannst du uns bitte den Duft von Rosarien neu mischen?"

„Nein, nein", winkte Flavio ab, „das kannst nur du, denn du bist die Prinzessin von Rosarien! Ich bewahre nur das Rezept auf!"

„Und was soll ich jetzt tun?", fragte Lillifee.

„Du musst den magischen Garten der Düfte finden", antwortete der Zauberlehrer, „denn ohne dich, Feenprinzessin, darf niemand den Zaubergarten betreten! Du musst dort alle Zutaten finden, in eine Flasche füllen und diese mit einem Zauberspruch, den nur du kennst, bei Vollmond in eine Flüssigkeit verwandeln: in den neuen Duft von Rosarien!"

Der Zauberlehrer kramte in all seinen Schubladen, aber das Rezept fand er nicht.

„Wie soll ich denn die richtigen Zutaten finden?", fragte Lillifee leise.

„Mit meiner Nase!", strahlte das Hasenmädchen Wuschel. „Ich habe mir alle Gerüche, die in deinem Teppich verdunstet sind, gemerkt!"

Flavio nickte. „Die Kleine ist meine Supernase! Lauft durch den ganzen Zauberwald. Am Ende gibt es irgendwo eine kleine Regenbogenbrücke. Sie führt euch in den magischen Garten der Düfte. Ich wünsche euch viel Glück!"

„Danke, Flavio! Morgen suchen wir den Garten!", sagte Lillifee.

„Halt! Nehmt noch diese leere Flasche mit und ein paar Eukalyptusbonbons, sie werden euch auf dem weiten Weg stärken!"

Am nächsten Tag machte sich Prinzessin Lillifee noch vor Sonnenaufgang gemeinsam mit Cindy, Pupsi und Bruno auf den Weg. Wuschel, das Hasenmädchen, lief voraus. Der Zauberwald lag schon weit hinter ihnen, da zog ein dichter Nebel auf.

„Sollen wir nicht besser umkehren?", flüsterte Pupsi.

„Was meinst du, Wuschel?", fragte Lillifee. Das kleine Hasenmädchen verschwand wortlos im dichten Nebel.

„Kommt nur, wir sind auf dem richtigen Weg!", hörten sie Wuschels Stimme. „Ich kann den Garten schon riechen!"

Sie schlichen durch den Nebel. Und tatsächlich: Plötzlich tauchte ein kleiner Regenbogen vor ihnen auf. Vorsichtig setzte Pupsi seinen Fuß darauf. Er hielt. Die Freunde überquerten die kleine Brücke. In der Mitte erwartete sie ein großer Torbogen aus wilden Pflanzen.

„Das ist bestimmt der Eingang zum Garten der Düfte", flüsterte Wuschel und hielt ihre feine Nase in die Luft. „Ich rieche Rosen, aber ich kann keine Blüten sehen!"

Da entdeckten sie an dem Torbogen milchig trübe Luftblasen, in denen etwas bunt schillerte.

„Was hat das zu bedeuten?", murmelte Prinzessin Lillifee.

Wuschel schnupperte an der Blase. Der trübe Nebel darin verschwand und eine Rosenblüte wurde sichtbar. Die Blase platzte und sofort breitete sich intensiver Rosenduft aus.

Lillifee fasste sich an die Stirn. „Ah, jetzt verstehe ich das:
Die Blase schützt die Blüte und den Duft!"

Staunend liefen sie durch das Tor. Vor ihnen lag ein Dschungel aus Pflanzen, Bäumen und Sträuchern und mittendrin schwebten einige Duftblasen und zarte Libellen.

Wuschel hüpfte aufgeregt im Zickzack hin und her. So viele tolle Gerüche auf einmal!

„Ist das da etwa ein Bonbonbaum?", staunte Pupsi.

Inzwischen hatte Cindy unter Blättern eine besonders große Duftblase entdeckt.

„Ich erkenne nicht, was in ihr steckt!", jammerte Cindy. „Auf jeden Fall etwas Rotes!" Sie starrte auf die trübe Kugel.

„Das hier ist ein magischer Garten!", erklärte Lillifee.
„Du musst den Geruch erkennen, dann öffnet sich die Duftblase."
„Konzentrier dich, Cindy!", ermunterte Wuschel die Maus,
„und drück deine Nase ganz dicht an die Blase!"
„Kirschen! Ich rieche Kirschen!", rief Cindy begeistert.
Und schon wurde die reife rote Frucht sichtbar und
ein wunderbarer Duft zog durch die Luft.
„Gehört Kirsche mit zum Duft von Rosarien?",
fragte Cindy. Wuschel nickte heftig und darum
steckte Cindy ein Stückchen von der Frucht ein.

Während die anderen noch die Duftblasen bestaunten, stieg Bruno ein neuer verlockender Geruch in die Nase. Bruno stapfte durch das Pflanzendickicht. Seine Augen waren zwar nicht die besten, aber auf seine Nase konnte er sich verlassen. Und hier roch es nach Honig! Tatsächlich, an einem Ast wippten lauter kleine Honigtöpfe. „Mmh!", brummte Bruno, schleckte fast alle Töpfe aus und streichelte zufrieden über seinen runden Bauch, dann gönnte er sich ein kleines Nickerchen.

„Bruno, wo steckst du?", hörte er eine Weile später seine Freundinnen und Freunde rufen. Verschlafen rappelte er sich auf. Sein Fell juckte und darum schubberte er sich heftig an einem kleinen Baum. Ah, das tat gut! Der Stamm bog sich unter Brunos Gewicht nach hinten und über seinem Kopf gab es ein lautes Rascheln. Er legte seine dicken Pfoten schützend über seinen Kopf und da prasselten auch schon Hunderte von Nüssen auf seinen Körper.

„Hagelt es?", wunderte sich Prinzessin Lillifee. „Oder woher kommt dieses Geräusch?"

„Ich rieche Honig!", jauchzte Wuschel. „Kommt mit! Wir müssen ihn unbedingt finden, er gehört zum Duft von Rosarien!"

Aufgeregt folgten sie dem süßen Honigduft und entdeckten Bruno, der bis zum Hals in einem Goldnussberg steckte.

Sofort buddelten die Freunde Bruno aus und klopften sein Fell sauber. Und zum Glück fand der Bär neben den Nüssen noch ein heil gebliebenes Honigglas. Er steckte es in seinen Beutel.

Wuschel hörte plötzlich ein leises Knurren. „Achtung, ein wildes Tier!", rief sie nervös.

Cindy musste lachen. „Keine Sorge, Wuschel! Das ist nur Pupsis Magen!"

„Was haltet ihr von einem Picknick?", fragte Lillifee.

„Au ja!", riefen die Tiere im Chor. Sie suchten nach einem freien Plätzchen und entdeckten eine Lichtung mit einem krummen Baum, an dessen Zweigen Weihnachtsgebäck hing. Es duftete herrlich nach Gewürzen und Schokolade! „Das ist hier ja wie im Wunderland!", staunten die Freunde. Wuschel nickte eifrig und erklärte: „Im Garten der Düfte findet ihr nicht nur Pflanzendüfte." „Lecker, der Tag ist gerettet!", grunzte Pupsi zufrieden. Lillifee breitete eine Decke aus und wühlte in ihrem Rucksack. „Also, hier habe ich Möhren, Butterbrote und Obst", erklärte sie.

„Die Möhren bitte zu mir!", rief Wuschel.

„Och, Mensch, wir wollen aber lieber Pizza!", maulten Cindy und Pupsi.
Und – schwups! – flatterten Pizzastücke wie große würzige Falter um ihre Nasen.
Die Freunde waren begeistert. Plötzlich hüpften vor ihren Augen drei Schokola-
denhasen über die Decke. Alle lachten. Nur Wuschel knabberte nervös an ihren
Möhren. Sie streckte ihre Nase in die Luft und überlegte angestrengt, an welchen
Duft sie sich noch erinnern konnte. „Ich hab's! Es fehlen noch Lavendel und
Orangen", murmelte sie.
„Lavendel", seufzte Prinzessin Lillifee. „Ich liebe Lavendel! Kommt, lasst uns
weitersuchen, bevor es dunkel wird!"

„Wir haben genug von Düften!", brummten Cindy, Pupsi und Bruno und streckten sich müde auf der Decke aus. Also machten Wuschel und Lillifee sich allein auf die Suche. Nach einer Weile fand Wuschel eine winzige Blase und roch daran. „Jasmin, kein Lavendel!" Die Blase öffnete sich. „Riecht gut, der Jasmin, oder, Lillifee?"

Keine Antwort! Verwundert sah sich Wuschel um. Nebel! Sie konnte kaum noch die eigene Pfote vor Augen sehen. Und Prinzessin Lillifee sah sie erst recht nicht. Sie rief Lillifees Namen und tastete sich durch den Nebel. Nach einer Weile konnte sie ihre Umgebung wieder besser erkennen. Wuschel stand auf einem Hügel, und da vorn war ein Labyrinth. Das Häschen legte die stark duftende Jasminblüte neben den Eingang. Doch für welchen Weg sollte sie sich entscheiden? Es hoppelte nach rechts. Dann links, rechts, scharf links. Ein zarter Lavendelduft stieg in ihre Nase. Sie folgte dem Geruch.

Endlich gab die Hecke den Blick frei: Prinzessin Lillifee lag wie verzaubert in einer duftenden Badewanne voller Lavendel.

„Lillifee! Wach sofort auf!", jammerte das Häschen. „Wir müssen zurück!"

Lillifee öffnete die Augen. „Wuschel, gut, dass du mich gefunden hast – ich war sooo müde. Weißt du, wie wir wieder aus diesem verwinkelten Labyrinth herausfinden?"

„Kein Problem!", grinste das Hasenmädchen.

„Immer der Nase nach!"

Hastig streifte Lillifee ihr Kleid über, fischte einige Lavendelzweige aus dem Wasser und steckte sie in ihren Beutel. Dann führte Wuschel sie, ohne zu zögern, zu der Jasminblüte am Ausgang des Labyrinths.

„Das war sehr schlau von dir! Du hast uns gerettet!", jubelte Lillifee und wirbelte das Hasenmädchen herum.

„Wir haben den Lavendel gefunden!", jubelte Lillifee, als sie wieder bei den anderen ankamen.

„Jetzt fehlt uns noch Orange", drängelte Wuschel. „Ihr müsst alle mithelfen!"

Sie liefen in unterschiedliche Richtungen davon und streckten die Nase in die Luft oder schnüffelten am Boden. Wuschel hatte einen ganz schwachen Orangenduft erschnuppert. Auch Bruno glaubte, einen Orangenbaum erspäht zu haben und tapste in der Dämmerung umher. Da hörten sie plötzlich ein lautes Quieken.

„Pupsi!", dachten alle erschrocken und rannten zurück.

„Ich hab ihn!", grunzte es aus einem dichten Gebüsch.

„Pupsi, bist du verletzt?", rief Prinzessin Lillifee voller Sorge.

„Nein, ich hab den absoluten Duftknaller!", quiekte Pupsi und krabbelte hervor. „Den Duft aller Düfte! Ihr werdet staunen!"

Auf seinem Kopf balancierte er drei dicke Zwiebeln. Die Freunde hielten sich die Nase zu. „Igitt, das stinkt!" – „Iiiih!" – „Bäh!"

„Was habt ihr denn?", grunzte Pupsi verunsichert. „Das riecht doch super! Ich würde unbedingt Zwiebeln in den Zauberduft mischen!"

„Nein, nein! Dieser strenge Duft würde alles übertönen!", rief Wuschel energisch.

Pupsi schaute enttäuscht zu Lillifee. „Jetzt habe ich endlich auch mal einen Duft entdeckt!", brummte er beleidigt. „Und dann darf er nicht mit hinein!"

Prinzessin Lillifee warf Wuschel einen fragenden Blick zu: „Glaubst du nicht, dass der Duft von Rosarien auch ein winziges bisschen Zwiebel vertragen könnte?"

Das Häschen wiegte nachdenklich den Kopf hin und her. „Aber nur ein klitzekleines Stückchen!", antwortete es.

„Hurra!", rief Pupsi, machte einen Luftsprung und stieß dabei gegen Bruno. Der Bär hatte das Spektakel still beobachtet und hielt eine Orange in der Pfote.

„Geschafft! Ich glaube, wir haben alles!", seufzte Prinzessin Lillifee erschöpft.

„Jetzt fehlt uns nur noch dein Zauber bei Vollmond", piepste Cindy.

„Und was Warmes im Bauch!", grunzte Pupsi.

„Kommt gleich!", brummte Bruno und suchte im Rucksack seine Thermosflasche. Schade, er hatte sie zu Hause vergessen …

In dem Moment schwebte eine Kanne über ihren Köpfen und drei Tassen liefen vor ihren Augen über den Boden. Und schon floss süß duftender Vanilletee in jede Tasse. Die Freunde staunten nicht schlecht. Der warme Tee tat richtig gut!

Nun leerte Prinzessin Lillifee alle Beutel aus.

„Wuschel, was sagt dir deine Supernase, haben wir alle Zutaten für den Zauberduft?", fragte die Feenprinzessin.

Das Hasenmädchen schnupperte, verzog das Gesicht und schnupperte noch einmal.

„Nein", sagte Wuschel zögernd. „Es riecht noch nicht richtig. Es fehlt der Honig!"

„Da, neben dir, da liegt doch der Honigtopf!", brummte Bruno.

Ein leises Rülpsen war zu hören. „Tut mir leid!", flüsterte Pupsi mit rotem Kopf. „Der Topf ist leider leer. Den hab ich ausgeschleckt. Ich hatte Hunger!"

„Oje, neuen Honig finden wir im Dunkeln nicht noch einmal", piepste Cindy verzweifelt.

„Kein Problem!", rief Wuschel, „meine Nase findet alles!" Mit einem Wusch war das Hasenmädchen weg.

Dicke Wolken verdeckten den Mond, doch Wuschel war nicht ängstlich. Schnuppernd hoppelte sie am Lavendellabyrinth entlang und dann vorbei an den Brombeersträuchern. Ein dicker dorniger Ast versperrte ihr den Weg.

„Autsch!", heulte sie. Ein Dorn steckte mitten in ihrer Nase. Vorsichtig zog sie ihn heraus. Das tat weh und riechen konnte Wuschel nun auch nichts mehr. Tränen stiegen ihr in die Augen. Als sie weiterlief, stolperte sie über einen Stein und stieß mit der verletzten Nase gegen etwas sehr Weiches. Eine schlafende Zimtschnecke! So ein Glück, denn Zimt heilte kleine Verletzungen wunderbar! Und tatsächlich: Der Schmerz war vollkommen verschwunden und das Hasenmädchen konnte nun auch den würzig-süßen Duft von Zimt riechen.

„Hurra! Ich kann wieder riechen!", jubelte Wuschel so laut, dass die Zimtschnecke erschrocken zusammenzuckte, bevor sie sich schnarchend wieder entspannte.

Das Häschen hielt suchend die Nase in die Luft. Da war er, der Duft von Honig! Ganz in der Nähe! Sie war bei dem Goldnussberg angekommen. Flink stopfte Wuschel den letzten Honigtopf in ihren Beutel und hüpfte, so schnell sie konnte, zurück zu Lillifee und den Tieren.

„Wuschel, da bist du ja wieder!", rief Lillifee erleichtert.

„Hast du noch Honig gefunden?", fragte Pupsi zerknirscht. Wortlos reichte ihm Wuschel

das Honigglas. „Dann haben wir ja alles!", strahlte Pupsi.

„Der Vollmond lächelt uns an, der Zauber kann beginnen!", sagte Prinzessin Lillifee und holte

ihren Zauberstab und Flavios leere Flasche aus dem Rucksack. Wuschel reichte ihr alle Zutaten.

„Von allem muss etwas in die Flasche! Nichts darf vergessen werden!", mahnte das Häschen.

In der Flasche stapelten sich kleine Stückchen aller Zutaten, zusammengeklebt vom goldenen

Honig. Prinzessin Lillifee schwebte sanft in die Höhe und hielt die Flasche dabei gut fest.

Funkelndes Mondlicht umhüllte sie. Mit einer Hand hob Lillifee die Flasche feierlich über

ihren Kopf, mit der anderen schwang sie ihren Zauberstab und sprach:

Mondscheinzauber in der Luft,
Flascheninhalt, werde Zauberduft!
Tiere, Pflanzen, Feenwelt,
Harmonie, sei hergestellt!
Den Duft zu bewahren, wie eh und je,
verspricht hier feierlich: Prinzessin Lillifee!

Die Duftflasche drehte sich schon bald im Kreis und begann zu funkeln und zu strahlen.

Dann leuchtete eine schillernde Flüssigkeit im hellen Mondlicht. „Der Zauber hat funktioniert!",

jubelte Wuschel. „Kein Durcheinander mehr!", sangen Cindy, Bruno und Pupsi im Chor.

Prinzessin Lillifee landete zwischen ihren Freundinnen und

Freunden. Jeder wollte den Flakon berühren und hören, ob der

Inhalt gluckste. Dann steckte Lillifee die kostbare Flasche

vorsichtig in ihren Rucksack.

Alle rückten eng zusammen, Lillifee zauberte

noch ein paar kuschelige Decken und Bruno

verteilte leckere Melonenstücke.

Dann schliefen sie erschöpft ein.

Nach einer kurzen Nacht waren Prinzessin Lillifee und die Tiere zufrieden ins Blütenschloss zurückgekehrt. Auf dem Rückweg hatten sie keine verwirrten Tiere mehr gesehen und auch die Pflanzen wuchsen wieder so, wie sie schon immer gewachsen waren. Die Harmonie in Rosarien war wiederhergestellt!

„Ich sollte den Flakon mit dem Zauberduft dieses Mal besser schützen", überlegte Lillifee. „Aber wie mache ich das am besten?"

Da kamen ihr die Blasen im Duftgarten in den Sinn. „Die schützen ja auch die zarten Blüten und Früchte!", überlegte sie. Lillifee lief in den Keller und fand dort einen Glaswürfel. „Der geht bestimmt auch!", dachte sie und zeigte ihn den anderen. „Darin ist der Flakon vor euch sicher!", sagte Lillifee schmunzelnd. „Vorher wollen wir aber unbedingt den neuen Duft von Rosarien riechen!", quengelten die Freunde.

„Also gut", lächelte Lillifee und öffnete vorsichtig die Flasche. Ein betörender Duft breitete sich aus. „Wundervoll!", schwärmten alle und sogar die Blumen nickten mit den Köpfen.

„Dank meiner Hilfe riecht er viel besser als vorher!", grunzte Pupsi zufrieden. Alle mussten lachen. Wuschel wurde langsam unruhig. Das Häschen hatte genug Abenteuer gehabt und freute sich auf das Wiedersehen mit Flavio. Sie verabschiedete sich von allen und verschwand – wusch! – zwischen den lachenden Blumen.

„Immer der Nase nach!", riefen die Freunde dem Hasenmädchen kichernd hinterher.